Copyright ©2013 Fernando Salazar Cróquer
Todos Los Derechos Reservados

Diagramación del Libro y Diseño de Portada
Fernando Salazar Cróquer

"Amor, Tristeza y Amistad"

Deposito Legal: LF04120138002846
ISBN-10: 980-1267984
ISBN-13: 978-9801267980

EL AUTOR

Facebook
https://www.facebook.com/FernandoSalazarCroquerOficial

Twitter
https://twitter.com/Kranimexinc

Web
http://fernando-salazarcroquer.weebly.com/

Índice

1) Amor Interminable 1
2) Siempre Te Amaré 4
3) Solitario 7

4) El Amor Hasta Morir 9
Parte I "El Camino de Espinas" 10
Parte II "La Resurrección" 12
Parte III "Estrellas De La Verdad" 14
Parte IV "No Me Rendiré" 16

5) Nostalgia..18
6) Tú Eres Mi Ángel..21

7) Libérame..24
Parte I "Bendita Pasión" 25
Parte II "Confusión" 27
Parte III "Renacimiento" 29
Parte IV "Te Salvaré" 31

8) Ella Es Celestial..33
9) Comenzaré Otra Vez 37
10) Mi Tennyo - Doncella Celestial 41
11) No Debes Preocuparte 44
12) Tu Cálido Corazón 48
13) Noche de Miel..51
14) No Llores Más...55
15) El Mar de Lágrimas...59
16) Déjame Conquistarte 62
17) Te Daré Mi Gran Devoción 68
18) Mi Perla Marina 71
19) Luces de Amor 74
20) Mi Eterno Amor 77

I
Amor Interminable

¿No sé por qué tengo este sentimiento?
Yo no pienso que esto sea horrible
Me siento bien, me siento maravilloso con este sentimiento
Creo que esto es porque encontré a la mujer que amo

El Amor Interminable me hace sentir libre
El Amor Interminable me hace estar contigo
El Amor Interminable me hace sentir feliz
El Amor Interminable…

Esto es algo bello
De la vida y
Del corazón
Creo que encontré la mujer que amo

En mi mundo todo es como tú
En mi mundo todo es bello
Entonces toma mi mano y vamos a ese mundo
Lleno de amor y paz

Entonces, el Amor Interminable me hace sentir libre
El Amor Interminable me hace estar contigo
El Amor Interminable me hace sentir feliz
El Amor Interminable…

Me quedaré contigo y
Nunca te abandonaré
Entonces, escapemos de este lugar
Vamos a ese mundo lleno de amor

El Amor Interminable me hace sentir libre
El Amor Interminable me hace estar contigo
El Amor Interminable me hace sentir feliz
El Amor Interminable…

Te amo…te amo…!

II
Siempre Te Amaré

Siento cuando te veo
Nuestro amor será mágico
Y maravillosamente cálido
Espero que algún día…esté contigo mi amor
Porque eres la esperanza que me llena de valor

Yo quiero saber si tú quieres bailar conmigo
Porque deseo tu amor,
Deseo que llegues a mi paraíso
Quiero sentir dentro de ti el cálido rubor

Porque siempre te amaré
Siempre te protegeré de la oscuridad
Y siempre estaré contigo a tu lado para darte felicidad

Entonces déjame sentir tu dulce…corazón
Quiero ver tu bella sonrisa
Déjame sentir tu verdadera pasión
Quiero verte feliz con tu cara que me hechiza…

Porque siempre te amaré
Siempre te protegeré de la oscuridad
Y siempre estaré contigo a tu lado para darte felicidad

Cuando te vi por primera vez
Sentí que tú eras lo que estaba buscando
Lo que en mi sueño estaba anhelando
Entonces, entonces

Entonces
Déjame sentir tu dulce corazón
Déjame sentir tu bella sonrisa
Déjame sentir tu verdadera pasión
Porque quiero verte feliz con tu cara que me hechiza…

Siento cuando te conocí vi motivo para vivir
Y para eternamente sonreír
Porque elaboré este bello sentimiento que hoy es mi sentir.

Porque algún día te encontraré
Y siempre te amaré
Siempre te recordaré
Y nunca te olvidaré
¡Porque mi deseo es que siempre te amaré...!

III
Solitario

Los días pasan y pasan
Y yo no tengo respuestas
A veces pienso que debo quedarme solo…en la eternidad
Para pensar en que voy hacer

Mi mente está vacía
Mi corazón partido está
Lleno de soledad
Esto debe ser una completa oscuridad

Voy…..solitario me quedo solo
Solitario me quedo vació
Solitario me quedo despierto en la oscuridad…

El aire se torna frió
Se pone un poco sombrío
La vida se va extinguiendo
La muerte va asechando

Pero, solitario me quedo solo
Solitario me quedo vació
Solitario me quedo despierto en la oscuridad…

Nadie puede hacer nada
Yo tengo que resistirlo
Me siento mal por todo este desastre
Debo ver la verdad del corazón

Entonces debo marcharme de este sitio
Para poder ser capaz de liberarme
De esta horrible pesadilla maldita
Y dejar de ser un…

Solitario me quedo solo
Solitario me quedo vació
Solitario me quedo despierto en la oscuridad…
Me quedo despierto en la oscuridad…
Me quedo despierto en la oscuridad…

IV
El Amor Hasta Morir

Parte I
"El Camino de Espinas"

Se escucha la cruel guerra
De almas desamparadas por la muerta
Caminando y derrotando a sus enemigos
Sin piedad, corre por su vida asustado, tras dejar

El camino de espinas atrás…

Ese camino de espinas
Maldice los buenos, roba la sangre
De los muertos para dejarlos sin nadie
Que los acompañe a la eterna oscuridad
Del camino de espinas que nos succiona la verdad

Ahora estoy en peligro
Debo saber cómo salir de esto
Porque si me quedo más tiempo aquí
No volveré a ver mi vida sin ti

Ese maldito camino de espinas
Me roba la resistencia de las piernas
Me quita fuerza de las manos
Para poder destruirnos con nuestros hermanos

Entonces me pregunto ¿Que hago aquí?
No sé si yo debería continuar este profundo abismo
Es tan peligroso que estoy atrapado
Entonces voy por otro camino que yo vi

Al cruzar ese camino de espinas maldito
Que me provoca lanzar un grito
Y no recordar verlo jamás
Para que nunca sea capaz

De ver otra vez a mi amada morir
Con esas espinas que debo destruir
En aquel abismo de oscuridad
Lleno de crueldad…

Me liberaré de ese abismo
Lleno de maldad…de aquella guerra destructiva
Que me hace recordar esa presencia auditiva
Y me hace sufrir de aquel momento….
A mi amada morir en el camino de espinas…
A mi amada morir en el camino de espinas…
A mi amada morir en el camino de espinas…

Parte II
"La Resurrección"

Mi amor por ti
No me hace vivir sin ti
Porque me hace sufrir el deseo
De no tenerte conmigo

Amor mío no te dejaré nunca
Yo no te abandonaré de esta
Soledad que rodea tu alma
Porque quiero que te pongas contenta

Yo…yo…sé que tú estás muerta
Pero, yo siempre recordaré tu presencia
Aquí conmigo para verte sonreír
Y te protegeré para no verte morir

Me haces ver la resurrección
De que tú estás viva en algún lugar
Y que nuestro amor no se perdió
En aquel sentimiento de unión

Porque aunque yo no te vea
Yo te puedo sentir
En aquella marea
Que puedo observar

Entonces, me haces ver la resurrección
De que tú estás viva en algún lugar
Y que nuestro amor no se perdió
En aquel sentimiento de unión

Recuerdo que cuando te vi
Me volvías loco de amor
Porque cada vez que te vi sonreír
Yo veía tu esperanza de brillar…

Entonces, me haces ver la resurrección
De que tú estás viva en algún lugar
Y que nuestro amor no se perdió
En aquel sentimiento de unión

Parte III
"Estrellas De La Verdad"

Esta oscuridad que veo
No desaparece de este feo
Recuerdo malvado de la vida
En donde te veo muy asustada…

Estaba soñando que te perdí
En un lago profundo
Estaba soñando que te encontré
Y estabas llorando

Pensé que era un sueño mentiroso
Pero era deshonroso
Verte aquel día en la calle
Con un vestido lleno de sangre

¿A dónde voy?
¿A dónde voy sin ti?
Te necesito para que me guíes el camino
De las estrellas de la verdad…

Estoy cansado, te necesito
Estoy harto de recordar ese día
Lleno de un mal recuerdo
En donde te sacrificaste

¿A dónde voy?
¿A dónde voy sin ti?
Te necesito para que me guíes el camino
De las estrellas de la verdad…

Estoy cansado de verte así
Te necesito…guíame a las estrellas de la verdad
No puedo más, estoy fastidiado de no verte
Dame luz, dame paciencia, creo que estoy decayendo

¿A dónde voy…?
¿A dónde voy sin ti?
Te necesito para que me guíes el camino
De las estrellas de la verdad…
De las estrellas de la verdad…
De las estrellas de la verdad…Mi amor!

Oh…Ah…Te amo!

Parte IV
"No Me Rendiré"

No te veo
Y no me importa
Porque estas a mi lado todo el tiempo
Entonces no te irás…porque

No me rendiré
No me rendiré mi amor
Si tú no estás aquí, iré a buscarte
Y no aceptaré tú muerte

Sé que suena algo tonto
Pero, te encontraré y no me rendiré
Hasta encontrarte
Porque tú aún eres mi anhelo

Mi ángel celestial de la verdad
Mi bella alegría de esplendor
Mi más grande sueño de la realidad
Y mi chica de gran humor

No me rendiré
No me rendiré mi amor
Si tú no estás aquí, iré a buscarte
Y no aceptaré tú muerte

Ante nadie
Porque te amo
Y tu amor mágico no se
Marchitará en mi corazón

No me rendiré
No me rendiré mi amor
Si tú no estás aquí, iré a buscarte
Y te encontraré mi rosa roja del desierto…

Estaré a tu lado siempre
No me rendiré
No me rendiré mi amor...

V
Nostalgia

Oh, me siento extraño
Quiero volar en el cielo
Quiero seguir durmiendo en este sueño
Voy a dormir en el suelo

Nostalgia, quiero recordar todo lo bello
Nostalgia, me gusta divertirme
Nostalgia, sueño contigo
Nostalgia, deseo acostarme

Estos maravillosos sueños
Me hacen sentir libre
Con mis mejores amigos,
Siento todo alegre!

Nostalgia, quiero recordar todo lo bello
Nostalgia, me gusta divertirme
Nostalgia, sueño contigo
Nostalgia, deseo acostarme

Siento pasión
Siento vida y lealtad
Siento motivación
Siento bondad

Mi sueño esplendoroso
Lleno de bellas estrellas
En el cielo maravilloso
De las calladas montañas

Nostalgia, quiero recordar todo lo bello
Nostalgia, me gusta divertirme
Nostalgia, sueño contigo
Nostalgia, sueño con mi mejor amigo

Entonces voy a recordarte
Entonces voy a acostarme
Para seguir soñando
Y durmiendo

En esta…Nostalgia de amor eterno
Que quiero arroparme…
En tu bello encuentro
Cuando desee acostarme…
Oh…Nostalgia de amor…
Oh…Nostalgia de esperanza…
Oh…Nostalgia de tristeza…
Oh…Nostalgia de calor…

Ah…Quiero soñar estos maravillosos sueños
Ah…quiero pasar más tiempo con mis amigos
(Oh…Nostalgia…nostalgia…Me gusta soñar…)

VI
Tú Eres Mi Ángel

Tú Eres Mi Ángel

Tú eres la que siempre me cuida
No importa la hora,
Tú eres la que conversa conmigo
Y no importa el trabajo

Tú siempre aquí
Apoyándome en todo
Nunca faltando
Porque siempre estás ahí

Tú eres mi ángel
Mi ayuda de problemas
Tú eres mi ángel
Mi maravillosa felicidad

Cuando me falta algo
Tú me has dado todo
Lo que te he pedido
Tú nunca me has fallado

Tú me conoces muy bien
Mis sentimientos
Siempre pido lo más bello en
Esos hermosos recuerdos

Tú eres mi ángel
Mi ayuda de problemas
Tú eres mi ángel
Mi maravillosa felicidad

Ahora que te sigo queriendo
No hay resentimiento.
Me regañas cuando he hecho algo malo
Pero tú sabes que no soy un malvado
Más bien tú siempre estás dando
Nunca pides nada a cambio
Tú darías tu vida en mis manos
De que yo esté caminando

Tú eres mi ángel
Mi ayuda de problemas
Tú lloras muchas veces
Cuando me ves caído
Pero no importa lo que pase
Me das ánimo para levantarme.
No importa lo que he crecido
Siempre seré tu niño

Tú eres mi ángel
Mi ayuda de problemas
Tú eres mi ángel
Mi maravillosa felicidad
Mi bella suerte
Mi bella vida…tú eres mi ángel…bello ángel

VII
Libérame

Parte I
"Bendita Pasión"

Oh...amor de mi vida estoy harto de amarte tanto
Y siempre ser rechazado, no entiendo el ¿Por qué? Si siempre te he amado
Hoy nostálgico pienso que ya quiero morirme
No me importa esta vida,
Deseo liberarme!
Para alcanzar mí reposo espiritual
Porque siempre te he de amar.

Libérame, Estoy cansado
Libérame, Este pensamiento lleno de sensación que me agobia y me hace sufrir
Libérame, No quiero vivir desgraciado (Porque quiero ser amado y admirado)
Libérame, De esta bendita pasión (Que me destroza el corazón)

Mis inútiles compañeros
En vez de darme esperanza y satisfacer mis ansias
Solamente lo que hacen es criticarme
Como si quisieran aniquilarme
Este grande amor que disfruto hoy con dolor;
Y esta vida que no la entiendo más con mucho amor
Yo quemándome en lo más intenso de mi ser,
Luchando por el mágico amor de una mujer

Libérame, Estoy cansado (De no verte más)
Libérame, De esta sensación (Que siento cuando pido tu amor)
Libérame, No quiero vivir desgraciado (Porque quiero ser amado)
Libérame, De esta bendita pasión (Que me llena de mucha ilusión)

Libérame, no quiero más
Libérame, dame paz
Libérame, no quiero estar muerto
Libérame, no quiero ser desecho

De nadie más
Tanto sufrimiento que no puedo evitar
Porque aún te logro amar
Mucho más

Pues, yo quiero liberarme
Ya no puedo más…voy a demostrarte todo mi amor
De esta realidad que quiero motivarme
Para darte todo mi humor

Libérame, Estoy cansado…
Libérame, De esta sensación (Que te ofrezco para darte emoción)
Libérame, No quiero vivir desgraciado (Porque deseo ser admirado)
Libérame, De esta bendita pasión (Porque te quiero dar mi cálido resplandor)
Libérame, Libérame por favor…Te amo y no puedo demostrarlo…Libérame

Parte II
"Confusión"

Oh…Me siento oscuro
Con algo puro
Que eres mi soledad
Y a la vez mi felicidad

Libérame, No sé, no se este camino
Porque creo que es mi destino
Para ir al mundo de la destrucción
De las alas de la confusión

Quiero que me lleves a donde no te vea
Para que cuando yo te sea
Correspondido de alguna manera
Esto no sea una marea

Llena de confusión
Y de aquel rencor
Lleno de pasión
Con un gran sabor

Libérame, No sé, no se este camino
Porque creo que es mi destino
Para ir al mundo de la destrucción
De las alas de la confusión

No te volverás a ver
Nunca más en el espejo
Para no hacerte saber
La presencia de un gran festejo

En el mar de la lealtad
Con una gran oscuridad
De un gran odio
Y doblado el folio

De aquel bello recuerdo
Que ahora no me acuerdo
Porque está tan lleno de gran afecto
Que no sé si me atormento
Libérame, No sé, no se este camino
Porque creo que es mi destino
Para ir al mundo de la destrucción
De las alas de la confusión

Y no despertar de esta infinita soledad
Que eres mi oscuridad
Llena de esa hermosa felicidad
Con una profunda lealtad

Libérame, libérame!
No sé, no se este camino
Porque creo que es mi destino
Para ir al mundo de la destrucción
De las alas de la profunda…confusión…

Parte III
"Renacimiento"

Heh...Este es mi castigo
Que combina conmigo
Para ir al arrepentimiento
De este renacimiento

Lloré por ti mi amor
Y no me importa nada
De este gran humor
En el cuento del hada

Libérame, Yo me siento triste
De esta horrible oscuridad
Con un gran chiste
Lleno de felicidad

Que me ha hecho olvidar
Esta fea maldad
Que ni quiero recordar
Por una gran amistad

Lloré por ti mi amor
Y no me importa nada
De este gran humor
En el cuento del hada

Teníamos todo en el viento
Quería ver tu sentimiento
En el renacimiento
Pero, lo que vi fue un...profundo rechazamiento
Libérame, Este renacimiento
Bello de encantamiento
Con un profundo asechamiento
Mezclado en el viento

Lloré por ti mi amor
Y me importa tu pasión
De este bello esplendor
En tu profundo corazón

Libérame, Este es mi castigo
Que combina conmigo
Para ir al arrepentimiento
De este horrible renacimiento...renacimiento...Libérame…

Parte IV
"Te Salvaré"

Rosa del desierto lo que me vas a dar
Me da oportunidad
De pensar en la felicidad
Que tú me puedes brindar

Nunca estarás sola otra vez
Porque pienso que esta vez
Te salvaré de esa deslealtad
Que has sentido en tu ancha bondad

Te salvaré!
Y no me importa que caigas
Porque te llevaré
A donde tú me atraigas

En el mar profundo
Lleno de estrellas
Con grandes escenas
De un hermoso recuerdo

En el largo firmamento
De ese rechazamiento
Dijiste, Una esperanza que era el fragmento
De ese confuso arrepentimiento
Te salvaré!
Y no me importa que me rechaces
Porque te diré
Que me ames

Hasta que yo no pueda más
Decirte la verdad
Que nunca jamás
Cubriré con deslealtad

Porque... Te salvaré!
Y no me importa que caigas
Porque te llevaré
A donde tú me atraigas

Esta es la verdad...Yo te amo
Y esto es lo que hago
Cuando estoy enamorado
De alguien tan adorado

Muy especial
Siempre social
Con una gran sonrisa
Que proviene de la brisa

De la primavera
Con una larga cabellera
Negra, su más blanca y suave piel
Llena de dulce miel...

Te salvaré!
Y no me importa que sonrías
Porque te sentiré
En aquellas melodías

Te salvaré!
Y no me importa si te veo
Porque te cuidaré
De aquel mal deseo

Te salvaré!
Y no me importa si no te hago falta
Porque yo te admiraré
En lo que tú me exaltas

Te salvaré...! Te salvaré!
Te salvaré...Mi Amor...Te salvaré!

VIII
Ella Es Celestial

Oh...Ella es celestial
Porque es mi chica ideal
Es como una diosa
Con su bella risa esplendorosa

Tienes labios de rosa
Que la hace maravillosa
Su bello pelo tan oscuro
Que es tan puro

En el estrecho camino
Que se siente tan divino
En aquel hermoso paisaje
Que viene un viaje

Para ir con ella a la vera
En esta hermosa primavera
De mí anhelada ilusión
Que quiero bailar con mucha emoción

Su cara está llena de felicidad
Que parece un milagro
En aquel manto de oscuridad
Que cubre ese recuadro

Ella es celestial
Porque es mi chica ideal
Es como una diosa
Con su bella risa esplendorosa

Tiene unos bellos ojos de miel
Que parece ser una persona fiel
Y a la vez muy especial
Porque es mi inicial

De mujer sincera
Que quiero que fuera...
Ella me mira con sonrisa
Y yo le devuelvo la risa

Porque, Ella es celestial...
Porque es mi chica ideal
Es como una diosa
Con su bella risa esplendorosa

Ella es celestial!
Es sencilla y emocional
Con su simpatía de princesa
Que me llena de sorpresa...

Ella es celestial!
Un ángel encantado
Que me tiene enamorado
De manera natural...

Ella es celestial
De manera especial
Que me da felicidad
Y a la vez tranquilidad...

Ella es celestial
Que me da amor
En forma emocional
Con su tierno fervor!

Ella es celestial
Tan bella de ilusiones
Llena de pasiones
Y la chica ideal

De mi mundo natural
Repleto de sorpresas
En forma sensacional
Cubiertos de adoradas fresas

Ella es celestial
Tan encantadora
Que baila conmigo de forma seductora
En su amplio estilo ideal...

Ella es celestial (Tan bella)
Ella es celestial (Tan encantadora)
Ella es celestial (Tan preciosa)
Ella es celestial (Tan esplendorosa)

Que la amo de verdad
Con mi profunda sinceridad
Y le demuestro mi honestidad
Llena de bondad...
Ella es celestial...
Ella es celestial...

IX
Comenzaré Otra Vez

Wow…Me voy de aquí!
Y no sé qué decir
Creo que no estaré sin ti
Y no te puedo mentir

Comenzaré otra vez
Una nueva vida
Pero a la vez
Creo que no te veo aturdida!

Todo esto fue un error
Y también una confusión
Que pasó en una ocasión
Porque pensé que eras mi amor

En una perdida ilusión
Llena de calor
Con una profunda pasión
Que no tenía amor

Comenzaré otra vez
Y tendré una nueva personalidad
Para seguir demostrándote mi sinceridad
Con mi propia sencillez

¿Qué pasó? ¿Qué pasó contigo?
Acaso no me quieres
No sientes nada por mí
Quiero una respuesta
Porque con la que tú me dijiste no me basta
De lo que tú realmente quieres
Para ti

¿Te olvidaste de mí?
¿No me quieres a tu lado?
¿Crees que soy anticuado?
¿En tu vida para ti?

Comenzaré otra vez
Y tendré una nueva mujer
Alguien que me ame como debe ser
Para demostrarle mi sensatez

Esto me está matando
Te quiero seguir amando
Para demostrarte mi calor
Con este profundo amor

Que no te guardaré rencor
Porque tú eres mi pasión
De gran ilusión
Que me provoca un dulce humor

Me voy de aquí!
Y no sé qué hacer
Creo que no estaré sin ti
En mi nuevo amanecer

Comenzaré otra vez
Contigo mi amor
Y no te perderé esta vez
Por mi amor lleno de fervor!

Piensa lo que quieras
Miénteme todo lo que tú más creas
Conveniente para ti
Porque yo no me muevo de aquí

Esto es hermoso
Y a la vez se siente dichoso
Porque me he enamorado
De alguien tan florado

De llenas rosas, que ni sé que me ama realmente
Pero le doy las gracias eternamente
Por haberme enamorado inconscientemente
En esta ocasión tan celestialmente

Y con mi bella alegría
Que está llena de melancolía
Le daré un tierno beso
En aquellos labios de cerezo

Porque pase lo que pase, Comenzaré otra vez
Con alguien especial
Que sentiré esta vez
Con mi corazón lineal...

Comenzaré otra vez...Comenzaré...Comenzaré...otra vez mi amor...!

X
Mi Tennyo - Doncella Celestial

Tomas un baño
En este año
Que rejuvenece la piel
Con una divina miel

De este bello recuerdo
Que no sé de qué me atormento;
La esperanza de brillar
Para poderte imaginar

Aquella mañana...

Ella es mi Tennyo
Una doncella celestial
Que se acuesta con mi mal
Y no me deja soñar mal
Porque ella es ideal...

Ella me hace emocionar
Me hace querer saborear
Aquellos labios encantados
De fresas endulzados

Mi Tennyo
Tan hermosa eternamente
Pero celosa de repente
Tan angelical y encantadora
Que parece purificadora

De aquellos males tan siniestros
Que los limpia con sentimientos
Llenos de emoción
Y a la vez de pasión

Mi Tennyo
Tan hermosa eternamente
Pero celosa de repente
Tan angelical y encantadora
Que parece purificadora

Mi Tennyo celestial
Mi Tennyo ideal
Mi Tennyo especial
Mi Tennyo...leal...Mi hermosa Tennyo...

XI
No Debes Preocuparte

Estoy atrapado en un muro
Y todo se siente oscuro
Debería hundirme
Pero solo quiero salvarme

Estoy en un apuro
Y no se controlarlo porque soy inmaduro
Tal vez amar a alguien no es culparme
Por todo lo que me ha pasado que es entusiasmarme.

Mi buen amigo
Ya no sufras más
Estaré contigo
Para no verte llorar jamás

No debes preocuparte
A mí también me pasó
Y no debo lamentarme
Porque ya pasó

Es cierto amar es divino
Porque a la vez es nuestro destino.
Que también es destructivo
Porque es nuestro objetivo

Entonces, No debes preocuparte
Yo aún siento lo mismo
Y no debes atormentarte
Por no ser tú mismo

Estas encerrado en una caja dura
Fuerte, que te entristece
Porque sin pensarlo está tan oscura
Que a la vez siente que te rejuvenece

El deseo de amarla!
Y no soltarla...
Entonces debes decirle la verdad
Para que obtengas una felicidad

Entonces, No debes preocuparte
Porque el futuro
No suele ser tan duro
En tú vida, que no debes amargarte
Debes divertirte
Debes decidirte
Debes sonreírte
Debes percibirte

Porque no debes preocuparte
En aquello que te hace molestarte
Esta vida hay que vivirla
Porque si no habrá que dividirla

De ese mal recuerdo
Que te llena de miserabilidad
Y a la vez de bella felicidad
Que ahora ni me acuerdo.

Porque te estoy diciendo
Que olvides ese pasado
Que te ha sido pesado
En lo que estás viviendo

En este momento de frialdad
Con ella, que te ha hecho elevar
Con una manera de oscuridad
Que te puede matar

Tú profundo y bello corazón lleno de fervor
Que así lo desea enterrar
Por jugar un juego con ella que te puede destrozar
Tú bella alma llena de esplendor.

Así que, No debes preocuparte
El maravilloso destino
Está forjando un camino
Que puedes encontrarte

A la persona ideal
Llena de bondad
Que sea leal
Para así nunca tener soledad...
No debemos preocuparnos
Nuestro destino
Está forjando un bello camino
Que podemos encontrarnos

Nuestra persona ideal...nuestro amor de verdad...nuestra esperanza de brillar...

XII
Tu Cálido Corazón

Yo me enamoré de ti
Y siento mi vida sin ti
Porque no me dejas sentir
Lo que yo quiero vivir

En tú cálido corazón
Lleno de amor
Que quisiera probar
En el bello mar
Para sentir ese inmenso calor

Tú brillas en mi vida
Para no sentir soledad
En la eterna oscuridad
En la que dios te cuida

Con mucha dedicación;
Porque te ves magnifica en la naturaleza
En la cual, presencia una gran belleza
De mucha significación.

Yo siempre te acompañaré
Y te recordaré
Y nunca te apartaré
De mi mente, porque siempre te amaré

Entonces, déjame sentir en tu cálido corazón
Lleno de ardor
Que deseo mirar
Para así verlo brillar
Con ese bello esplendor…

Te vi en la mañana de verano
Que te veía muy lejano
En aquel cielo rosado
Porque me tenías hechizado

Entonces, déjame sentir en tu cálido corazón
Lleno de pasión
Con mucha emoción
Que no me hace controlar
Aquel bello deseo que no tengo que olvidar

Entonces, déjame sentir en tu cálido corazón
Lleno de mucha energía
En este bello día
Que me da valor y amor
Para que me demuestres tu ardor...

Déjame sentir
Déjame sentir
Déjame sentir tu cálido corazón...

Para así poder acariciarte
Y poder saborearte,
Con estas bellas melodías
Que cantan en nuestros días.

Déjame sentir en tu cálido corazón
Lleno de muchos misterios
En donde me da muchos criterios
De conocerte más
Para así que me demuestres más

Tu gran cálido corazón lleno de bondad
Tu gran cálido corazón lleno de felicidad
Tu gran cálido corazón lleno de mucha esperanza
Tu gran cálido corazón, que le doy mucha alabanza

Tu gran cálido corazón que me hace sentir libre
Tu gran cálido corazón que me hace apasionado
Tu gran cálido corazón que me hace estar enamorado

Tu gran cálido corazón...De bello amor...de bello ardor...
Tu gran cálido corazón...De bello amor...de bello ardor...

XIII
Noche de Miel

Te quisiera ver en el manto
De la luna que llora con su llanto
Pero, más aún de verte tan encantadora
Que pareces una seductora

En la noche de miel
Que se siente en tu piel
Para acompañarte
Y darme la oportunidad de adorarte

En esta noche de ensueño
Tan fresca y fría
Que parece de sueño
En tu tierna compañía

Porque me provoca darte un beso
Y darte un profundo abrazo
Con un gran regazo
Lleno de un bello consuelo

Tú has sufrido mucho
Que siempre te escucho
En tu llanto de oscuridad
Lleno de profunda infelicidad

Por culpa de un infeliz
Que no te hizo feliz
El cual no te merecía
Y no te concedía

Ningún deseo que tú le pedías.
Y que no sonreías
Y le veías celo
Porque no te daba vuelo
En aquel feo recuerdo
Lleno de desacuerdo.

Por eso, esta noche de miel
Permíteme serte fiel
Y darte de mi amor
Con mucho rubor

Esta noche de pena
Que sientes en tus sentimientos
Hay luna llena
Que tiene tus sufrimientos

Yo te recibiré en mis brazos
Para amarrarte con mis suaves lazos
De profundo amor
Y demostrarte todo mi calor.

Estas vertiendo lágrimas
Tristes, que te veo en las cimas
Llorando de forma inusual
Por alguien que te ve igual.

Entonces, deja que esta noche
Sea tu gran felicidad,
Sea tu gran sonrisa
En donde no quiero que se pierda en la brisa
Tú magnifica festividad

De gran amor
Que siento con mucho fervor
Para que me des tu calor
En este sentimiento de profundo esplendor...

Esta noche de miel
Déjame serte fiel
Para tocar tu piel
Y darte paz para que olvides la hiel

De esa amarga escena
Que te produce una pena
Y que a la vez una maligna ilusión
Que te produce una amarga repulsión.

Entonces, esta noche de miel
Con fuerza te abrazaré
En donde te protegeré
De las oscuras tinieblas
De ese amargo recuerdo que niegas.

Esta noche de miel
Te seré fiel
Y nunca te abandonaré
Porque en esta noche...de...miel...te amaré...

XIV
No Llores Más

Oh…amor de mi vida
No llore más
Por un infeliz que no te dijo la verdad
Llena de sinceridad.
Por favor, no llores más

Mientras tú estás llorando
Él está cantando
Mientras tú estás sufriendo
Él se está riendo.

No vale la pena
Que comas tu sabrosa cena
Porque según su dignidad
Esta te llena de oscuridad

En tu corazón tan hermoso
Que florece tan cariñoso
Con pétalos tan sedosos
Que me hace sentir tan dichoso.

Entonces, no llores más
Porque ese infeliz
No te hace feliz
Ni tú con su compañía
Ni el con tú alegría

Déjame demostrarte
Que yo puedo amarte
Con mi profundo sentimiento
Lleno de un fresco aliento

Para serte fiel
Y tocar tu piel,
Y tú cabello
El cual es bello

Entonces, no llores más
Dame una sonrisa
Con profunda energía
Para que no se vaya con la brisa
De este maravilloso día

No llores más...mi amor
Mientras tú estás bailando
Él se está marchando
Mientras tú estás con tú mente brillando
Él te está chantajeando

Con malas intenciones
Llenas de puras maldiciones
Que cubre tú piel
Llena de miel

Entonces, no llores más
Porque yo te aprecio
Para no verte llorar en ese feo desprecio
Lleno de infelicidad
Que rompe mi tranquilidad

En ese tonto recuerdo lleno de tristeza
Que quiero que olvides esa traición
Para que recuerdes mi gran pasión
Llena de intensa emoción

Mi amor, quiero que olvides esa infelicidad
Que te trajo una gran maldad
Porque yo te quiero demostrar
Que nadie con tus sentimientos puede jugar

En esa fea ilusión
Llena de confusión
Que tomaste con mucha precaución
En esa terrible visión

Llena de oscuridad.
Por eso no llore más
Porque te voy a dar felicidad
Hasta que no pueda más!

No llores más!
Que te daré mi intensa felicidad
Para que nunca conozcas más la soledad…
Que te daré mi intensa honestidad
Para que nunca conozcas más la deslealtad…

Mi amor…te amo…y quiero que no llores más…!

XV
El Mar de Lágrimas

Mi amor, en el mar de lágrimas
No sufras más;
Porque tu felicidad
No quiero que se llene de oscuridad.

Olvida ese mar de lágrimas
Porque, en el océano de amor
Que te expreso con mi ardor
Este te dará felicidad
En tu bella bondad.

Iremos al bello manantial
Que nos dará eterno amor celestial
Y mirando a la luna
Te regalaré una
Hermosa armonía
Que te llenará de alegría.

Nuestro deseo de amar
No te hará recordar
Aquel triste mar
Que está dejando de brillar

Por el reflejo de la oscuridad
Que te llena de malignidad
Y que no recuerdas cuando nos conocimos ese día
Que para mí era de alegría

Olvida ese mar de lágrimas
Porque yo estaré aquí
Para protegerte a ti
Y no olvidarte, ni abandonarte nunca más

Te demostraré que ese mar de lágrimas
Tarde o temprano se convertirá
En algo que nos unirá
Y que no nos separará nunca más...

Y no te hará recordar ese mar de lágrimas
Porque lo que tu recordaras es mi bella compañía
Que se siente de bella alegría
Para que nunca te sientas sola jamás...

En el mar de lágrimas...

XVI
Déjame Conquistarte

Mi bella y dulce rosa
Eres tan hermosa
Que quiero verte celosa
Para no decir que eres mentirosa

Cuando me dices: "Te quiero como un amigo"
Desde ese momento quiero tener algo contigo.
Mi tierna y suave rosa
¿Porque eres tan temerosa?

Cuando me ves tú sonríes
De manera tan encantadora
Y tal vez eso te hace tan seductora
Que me provoca decirte: "¡Deseo que me mires!"

Para decirte: "¡Déjame Conquistarte¡"
Para poder amarte
Porque quiero demostrarte
Que yo soy un hombre que puede cuidarte

Y deseo que me digas: ¡Me Gustas mucho!
Porque te quiero y te estimo mucho
Y eres lo único que me importa con alegría
En esta vida que sin ti es una agonía

¿No sé porque te ríes cuando hablas conmigo?
En donde yo no te digo que quiero algo contigo
Entonces, como entenderte
Para poder conocerte!

Entonces, ¿No te gusto?
Entonces, ¿No me amas?
Entonces, ¿Te asusto?
Porque así como estamos no sé si te busco

Es que... ¿Quién me puede entender?
Para poder dejarme saber.
Porque a lo mejor parezco un idiota
Que a la vez no me importa

Entonces, Déjame Conquistarte
Para poder amarte
Porque quiero demostrarte
Que yo soy un hombre que puede cuidarte
Entonces, Déjame Conquistarte
Para poder abrazarte
Porque no quiero lastimarte
Como otros hombres que lo que han hecho es engañarte

Para que digas que todos son iguales
Como una cuerda de inmorales
Que son hombres desleales
Y los cuales son indeseables

Por eso yo quiero demostrarte
En este momento, que soy un hombre diferente
Y que no juego con tus sentimientos
Como otros que te causan descontentos

Entonces, Déjame Conquistarte
Para poder besarte
Y no dejarte
Como otros hombres que lo que te han hecho es chantajearte

Entonces, Déjame Conquistarte
Para poder desearte
Porque en verdad tú me estás
Haciendo que no aguante esto mucho más.

Entonces, me gustaría que me dijeras por una vez:
"¿Qué sientes por mí?
Porque quiero ser para ti"
Y me haría feliz de una buena vez

Porque eso de que tu estés sonriendo
Cuando yo te estoy viendo
Me hace pensar que tú me estas mintiendo
Cuando te estoy diciendo...

¡Te Amo, y solo me importas tú!
Y te necesito a mi lado
Para no sentirme deteriorado
Como piezas de ajedrez
Que se caen del tablero de una vez...

Entonces, ¿Por qué este sufrimiento?
Estoy sintiendo un rechazamiento
Con un profundo sentimiento
Que no se lo lleva el viento...

Déjame Conquistarte
Para poder enamorarte
Y a mi lado tú estés
Porque estaré a tus pies

Entonces mi rosa
Tan cariñosa
Que parece tan esplendorosa
Cuando baila como una diosa
Que se ríe conmigo como una chistosa
Esperando que le diga que es una chica amorosa
Con tus bellos encantos de preciosa

Entonces, Déjame Conquistarte
Para que tú me sonrías
Con esos bellos labios llenos de alegrías;
Y que todo el tiempo pueda saborearte

Entonces, mi rosa ¿Piensas tener otro?
Entonces, ¿Quieres que te deje sola?
Entonces, ¿No me quieres a tu lado?
Entonces, Si no sientes nada por mí,
¡Yo no me rendiré ante ti!

Porque sé que tú sientes algo por mí
Y a lo mejor piensas que soy para ti
Pero, no sé si tú lo quieres admitir
Por miedo a lo que te vaya a decir

Entonces, Déjame Conquistarte
Para que tú me digas
Lo que tú decidas,
Y así todo el tiempo acariciarte...

Yo me voy de aquí
Y no estaré sin ti,
Yo me sentiré rechazado
Y a la vez amargado

De no tenerte más conmigo a mi lado
Debido a que estoy enamorado
De alguien que me hizo sentir
Algo que nunca había sentido
Por miedo a mentir
A lo que he vivido

Entonces, Déjame Conquistarte
Para que tú me lleves
Y nunca me dejes,
Y así tengo todo el tiempo del mundo para entusiasmarte...

Te llenaré de mi profunda energía
Que te sentirás con mucha armonía
En este esplendido día
En donde tú me llenarás de alegría

Entonces, Déjame Conquistarte
Para decirte que yo siento lo mismo por ti,
A pesar de todos esos años que pasaron en mí;
Y así voy a enloquecerte...

De esta pasión
Llena de fijación
Que parece una confusión
Pero, es una admiración

De amor hacia ti
Que siento por ti,
Y que no puedo vivir sin ti
Porque te amo solo a ti...

Entonces, Déjame Conquistarte (Mi rosa)
Entonces, Déjame Conquistarte (Tan cariñosa)
Entonces, Déjame Conquistarte (Tan amorosa)
Entonces, Déjame Conquistarte (Tan chistosa)
Entonces, Déjame Conquistarte (Mi gran diosa)

Entonces, Déjame Conquistarte...mi amor
Para decirte que quiero darte mi calor,
Con mi profundo temor lleno de rubor;
Y así voy a enloquecerte...con mi candor...

Entonces, Déjame Conquistarte...mi ángel cariñosa
Déjame Conquistarte...mi ternura
Déjame Conquistarte...mi dulce niña que se hace la dura
Déjame Conquistarte...mi bella rosa!

XVII
Te Daré Mi Gran Devoción

Amor de mi vida, te daré mi gran devoción
Para que sientas mi emoción
Con gran humor
En este profundo amor

Oh...mi bella compañera
Que te veo en la primavera
Llena de pétalos de flores
En el cabello, que hace que tú me añores.

Mi gran devoción hacia ti
Me hace pensar en ti
Y este sentimiento que siento por ti
No me hace vivir sin ti.

Este rechazamiento
Me hace tener un sentimiento
Lleno de profundo sufrimiento
Para hacerme sentir un arrepentimiento.

Por eso, te daré mi gran devoción
Que está bella de bella unión
Para darte mi calor
Que está llena de mi amor

Eterno, solo para ti;
Mi vida sin ti
Es como un vacío
Que me llena de sombrío

Y de oscura infelicidad
Que me llena de renacimiento
Y me provoca un profundo tormento
Lleno de soledad.

Pero no me importa, te daré mi gran devoción
Con mi gran estimación
Que te llenará de mi profunda pasión;
Sin importar mi preocupación

De todo aquello que pasó
Y que empezó
Otra vez, con profunda fuerza
Que me llena de tristeza.
Pero no me importa, te daré mi gran devoción
Con mucha desesperación
Para hacerte saber que soy muy especial
Y yo decirte que tú eres mi chica ideal.

Mi gran devoción hacia ti
A la vez me hace estar loco por ti
Que quiero decirte: ¡Hazme feliz!
Porque no te haré infeliz.

Mi gran devoción no se perderá
En aquel bello sentimiento que tendrá...
Y a la vez me hará
Ser alguien que te amará...

Te doy mi gran devoción llena de calor
Te doy mi gran devoción llena de esplendor
Te doy mi gran devoción llena de amor
Te doy mi gran devoción llena de mi fuerte fervor!

Te doy mi gran devoción...mi bello ángel celestial...

XVIII
Mi Perla Marina

Mi Perla Marina

Aquí está mi hermosa perla marina
Que me fascina
Porque es una gran bailarina
Que me ilumina

Le doy mi fervor
Porque es la dueña de mi amor;
Bella perla de los mares
Que disfruta de los grandes manjares

Del rico placer,
Y quiere ser
Más encantadora
Para ser seductora

De mi bello amor,
Que le expreso con mucho ardor.
Aquí está mi hermosa perla marina
Que me llena de adrenalina

Cuando estamos bailando
En donde estamos hablando
Porque quiero darle un abrazo
Con mis eróticos lazos.

Aquí está mi brillante perla marina
Que no me discrimina,
Y no me dañina
Con su bella sonrisa divina

Mi perla de las flores
Que tiene muchos humores,
Con su amor de incontables calores
Que me da numerosos amores

Ella es mi princesa
Que no me llena de tristeza
Con sus risas, en donde parece una reina
Que hace que me entretenga

Aquí está mi hermosa perla marina (Que no me discrimina)
Que me fascina (Porque es una reina)
De una sonrisa tan divina
Porque es mi encantadora perla marina...Que me...llena...de...adrenalina

XIX
Luces de Amor

Esta brillante noche
Tomaremos ponche
Y nos divertiremos
Porque no dormiremos

Hasta que brillen las luces de amor
Que expresaré con toda mi emoción
Llena de una profunda pasión
Que te llenará de suave esplendor.

En esta noche de luna
Que voy a darte una
Cálida felicidad
Que te sentirás llena de libertad.

Para que las luces de amor
Nos llenen de intenso ardor
Así en esta noche bailaremos
Y brindaremos...

Por nuestro amor celestial,
Tú y yo estaremos metidos en un manantial
Donde yo te besaré
Y te cuidaré.

Esta noche vamos a disfrutarla
Para amarla
Con las estrellas doradas
Que no serán atormentadas.

Mi amor, te doy mi honestidad de una vez,
Tómala, para que tú me des calidez
En mi corazón, y así bailemos juntos
Que tus sentimientos son puros

Entonces, esta noche de paz
Reiremos más
Porque tú sentirás las luces de amor
Que te llenaran de rubor...

En las luces de amor (Tú sentirás pura alegría)
En las luces de amor (Estarás conmigo)
Esta noche, en las luces de amor (estaré contigo)
En donde te llenarán de intensa armonía... (Te amaré siempre mi dulce amor)

XX
Mi Eterno Amor

Mi Eterno Amor

Oh...tú, eres mi gran inspiración
Que me llena de iluminación
Y que me inspira día tras día
Escribir poemas para ti, donde me llenas de armonía
Con tú tierna presencia,
Que a la vez tiene preciosa esencia,
En donde me das alegría para mi corazón
Que siento al ver tu bella expresión,
Que enciende mi ser por completo
En donde no siento tormento;

Porque eres mi eterno amor
De maravillosa ilusión,
Y te expreso este sentimiento con mucha emoción
Porque quiero darte mi candor.

Quiero decirte que te amo con toda mi felicidad
Y quiero que sepas que estaré contigo
A tu lado, porque quiero ser para ti más que un amigo,
En donde no te haga sentir soledad.

Eres lo más bello que me ha pasado
En la vida, por ser la única chica que he amado
Durante todos estos años que he estado contigo.
Porque siempre sueño el estar contigo
Y ese hermoso sueño me quita mi soledad
Llena de una amarga y eterna oscuridad.

Cuando veo la luna llena de amor
Siento que tú a mi lado estás dándome calor
Y yo sonrojándome por tu tierno fervor
Que está lleno de un sentimiento lleno de pasión
Que siento por ti, por ser mi máxima adoración,
Que me llena de una gran ilusión

Eres mi eterno amor
Que me llena de ardor.
Quiero demostrarte mi calidez
Que derrite esa oscuridad en mi corazón con mucha sencillez.

Cuando estoy contigo siento tu sonrisa
Que me refresca como una brisa
Y a la vez me hechiza
Y me hipnotiza
Con tus encantos de princesa
Que parece una rica fresa
Con una gran cereza.

Tu suave cabello
El cual es bello,
Siento un gran destello
De todo aquello

Que he soñado
Cuando estoy a tu lado,
Y me he enamorado
Cuando has hablado

Con esa voz sensible
Que la recuerdo muy imprescindible
De suave humor
Lleno de mucho sabor

Por tu anhelada naturaleza
Llena de mucha belleza
Que recuerdo como una cereza
Cuando te veo como una princesa

De aquel hermoso castillo
El cual es sencillo,
Por tu adorado cintillo
De delicado cabello con cordoncillo.

Oh...tú eres mi eterno amor
Que me derrite con mucho ardor
Y me rehace con tu tierno humor
Lleno de fervor

Quiero decirte que te amo demasiado
Y quiero estar a tu lado
Porque me tienes enamorado
De tu cabello tan acortejado.

Eres mi eterno amor
Te amo con toda mi devoción
Eres mi gran inspiración
Tú me llenas de ardor
Eres mi ángel celestial...
Eres mi chica ideal...Te Amo!

www.ingramcontent.com/pod-product-compliance
Lightning Source LLC
Chambersburg PA
CBHW060415050426
42449CB00009B/1974